서로 다른 그림 찾기

또르르 눈운동
떼구루루 두뇌운동

이요안나 그림
짱아찌 기획·구성

이 책을
두 배로 잘 보는 법

이 책은 맨 앞에서부터 차례로 펼쳐보지 않아도 좋습니다.
먼저 멋진 성, 로맨틱한 분위기가 만발하는 꽃다발 등
마음에 드는 그림이 든 페이지를 펼쳐서 정답을 맞혀보세요.

게임은 총 3종류로 구성되어 있어요.

게임1 왼쪽 페이지와 오른쪽 페이지의 서로 다른 부분을 찾아 표시해보세요.
게임2 왼쪽 페이지에 하나의 그림이 있습니다.
오른쪽에는 왼쪽에 있는 그림과 같기도, 다르기도 한 그림이 섞여 있어요.
서로 다른 그림이 총 몇 개인지 찾아보세요.
게임3 왼쪽 페이지의 그림이 오른쪽 페이지에 총 몇 개가 있는지 세어 적는 게임입니다.

재미있게 풀다보면 지루한 시간을 재미있게 보낼 수 있고,
집중력과 관찰력 향상으로 두뇌가 발달하게 될 거에요.

정답이 궁금하다면?
맨 뒤의 정답 페이지를 펼쳐보세요.

멋지고 웅장한 성이에요.
서로 다른 곳 5군데를 찾아보세요.

Dhar al-Hajar Castle
다르 알 하자르 성은 아라비아 반도 예멘에 있는 암벽 궁전이에요.
1930년대에 예멘 왕의 여름궁전으로 지어졌답니다.

신나는 여행길에 끌고 가는 멋진 캐리어예요.
아래의 캐리어와 모양이 다른 그림 3개를 찾아보세요.

Carrier

캐리어는 바닥에 바퀴가 달려 있어서
어디든 쉽게 끌고 다닐 수 있는 여행 가방을 말해요.

매일 손에 들고 다니는 필수품이죠.
아래의 스마트폰과 다른 그림 4개를 찾아보세요.

Smart Phone

우리나라에서 스마트폰은 2000년에 처음 출시되었어요.

영화 속에 나올 법한 멋진 자동차예요.
아래의 자동차와 다른 그림 1개를 찾아보세요.

Car

지금까지 가장 인기 많았던 자동차 모델은 폭스바겐사에서 만든 비틀이었어요.
이 자동차를 디자인한 사람은 페르디난트 포르쉐랍니다.

아슬아슬 기울었지만 쓰러지지 않아요.
아래의 탑과 다른 그림 1개를 찾아보세요.

Leaning Tower of Pisa
이탈리아 토스카나주 피사시의 피사 대성당에 있는 피사의 사탑입니다.
기울어진 것으로 유명한 이 탑은 세계 7대 불가사의 중 하나랍니다.

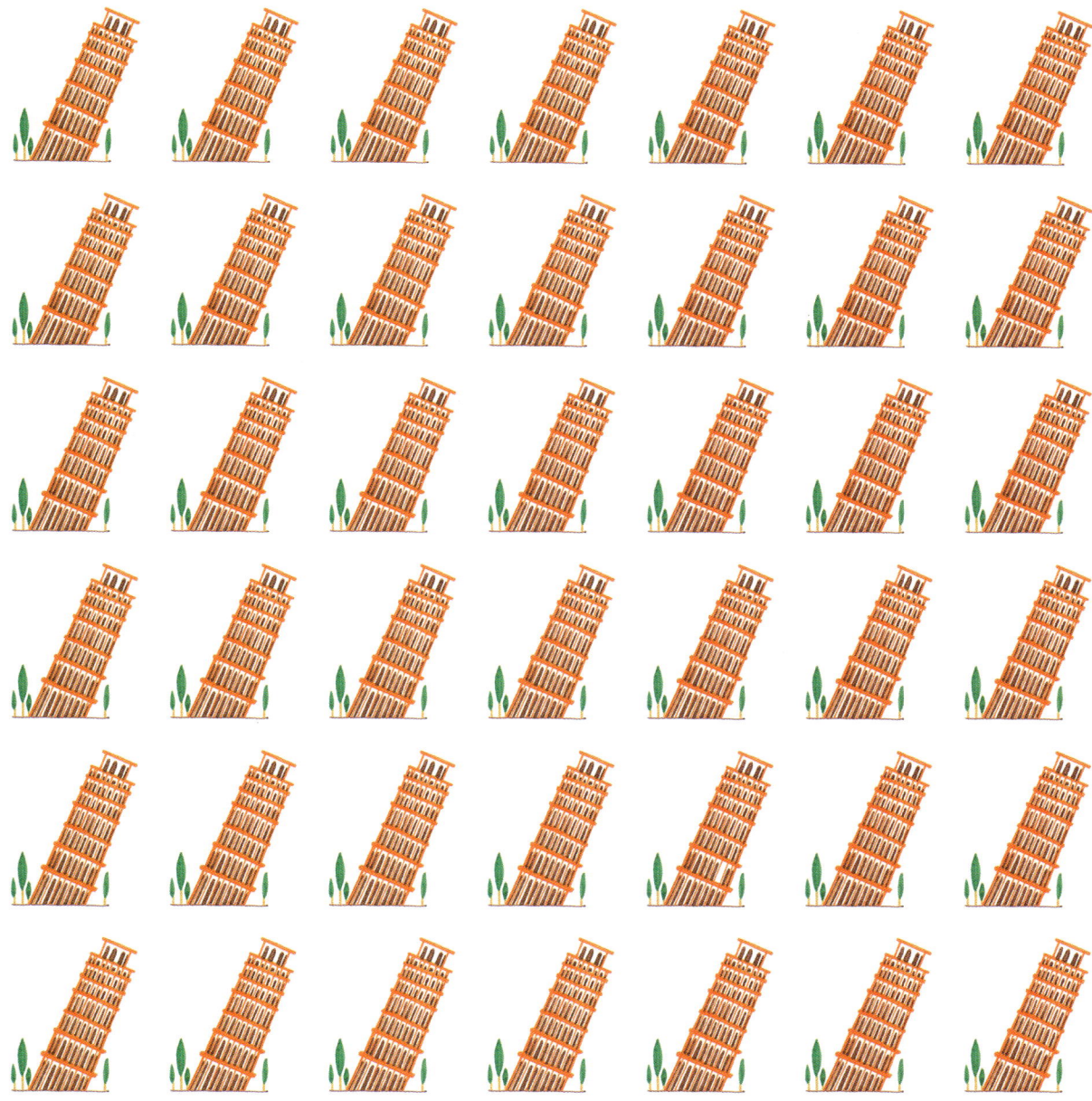

미국 뉴욕의 상징 자유의 여신상이에요.
아래의 여신상과 다른 그림 2개를 찾아보세요.

Statue of Liberty
뉴욕항에 세워진 자유의 여신상은
1886년 미국 독립 100주년을 기념해 프랑스가 선물로 주었답니다.

새콤달콤 맛있는 딸기!
아래의 딸기와 씨앗 모양이 다른 그림 3개를 찾아보세요.

Strawberry
새콤달콤한 봄 과일 딸기는
25℃ 이하의 선선한 기후를 좋아하는 열매 채소입니다.

새콤달콤 부드러운 키위예요.
아래의 키위와 씨앗 모양이 다른 그림 1개를 찾아보세요.

Kiwi
열매가 갈색 털로 덮여 있어요.
뉴질랜드에 사는 '키위'라는 새와 닮아서 '키위'라는 이름이 붙여졌어요.

작고 단단한 야구공이 3가지 있어요.
각 종류별로 몇 개의 공이 있는지 세어볼까요?

Baseball
야구공은 코르크나 고무 등으로 만들어졌고,
모두 108개의 빨간색 솔기가 있답니다.

아름답고 웅장한 성이에요.
서로 다른 곳 5군데를 찾아보세요.

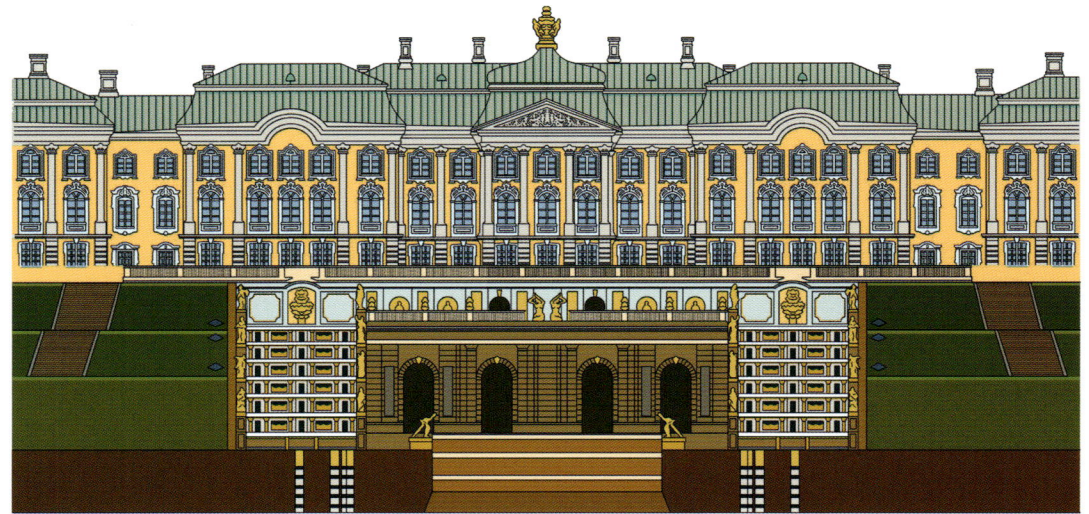

Peterhof Palace
페테르고프 성은 1700년대에
러시아 상트페테르부르크 근처에 세워진 성이랍니다.

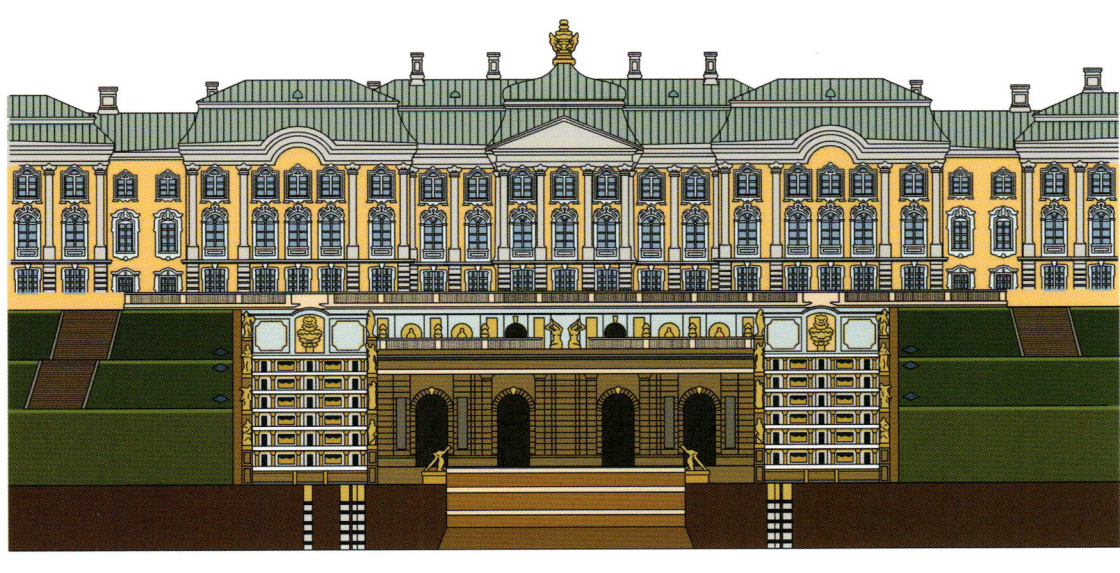

보기만 해도 시원해지는 수박이에요.
아래의 수박과 모양이 다른 그림 2개를 찾아보세요.

Watermelon
수분이 많고 달콤한 수박의 꽃말은 '큰 마음'이랍니다.

보기만 해도 군침이 꿀꺽~ 맛있는 피자예요.
아래의 피자와 다른 그림 3개를 찾아보세요.

Pizza
피자의 토핑으로 얹는 토마토, 바질, 모차렐라 치즈는
이탈리아 국기의 세 가지 색깔을 상징해요.

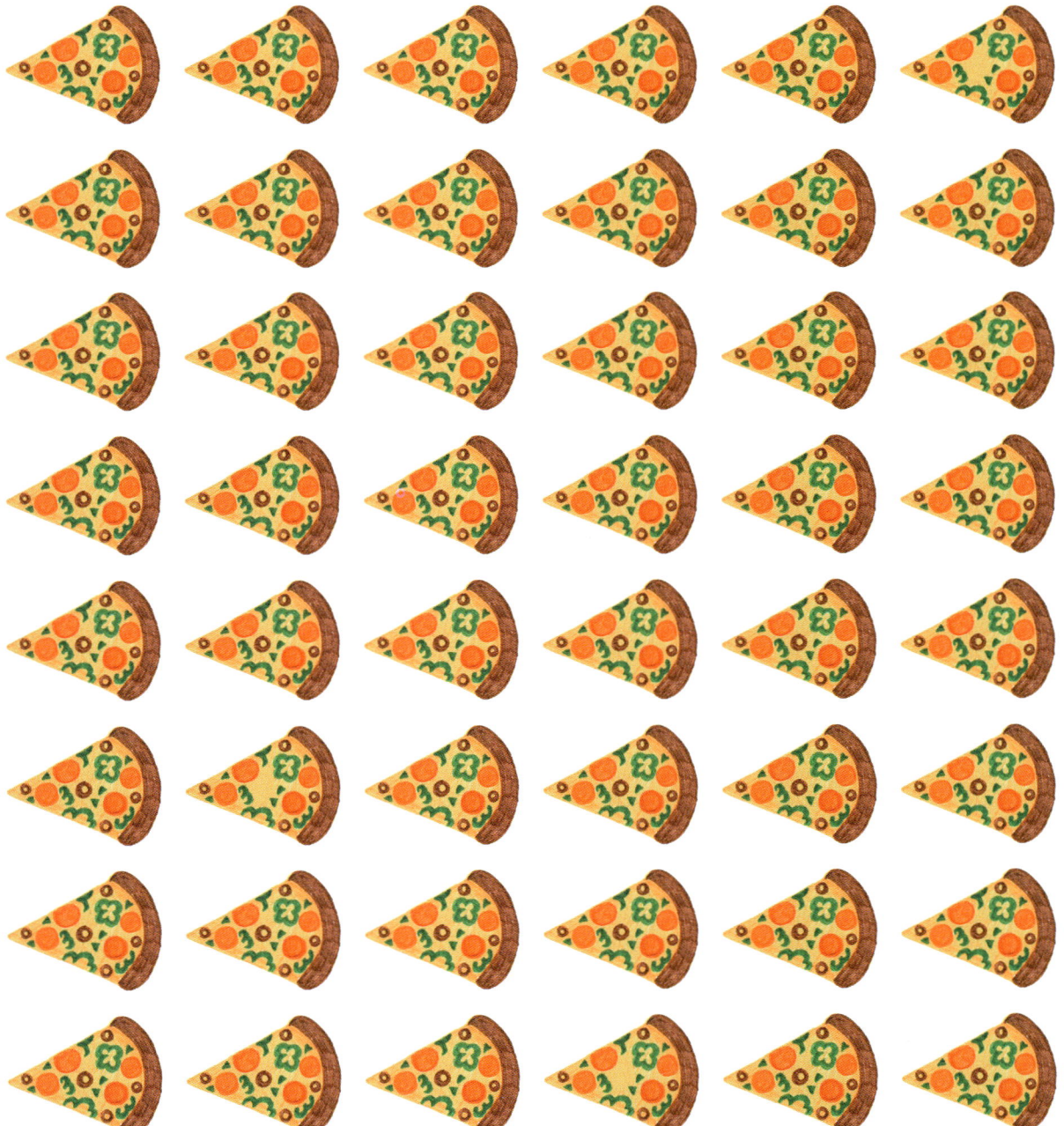

알록달록 향기로운 꽃다발이에요.
아래의 꽃다발과 모양이 다른 그림 1개를 찾아보세요.

Flowers
결혼식 날 신부가 드는 꽃다발은 결혼에 앞서 신랑이 직접 꺾은 꽃으로
꽃다발을 만들어 신부에게 주던 풍습에서 유래했습니다.

맛있고 영양가 있는 버섯이에요.
아래의 버섯과 모양이 다른 그림 1개를 찾아보세요.

Mushroom
버섯은 나무 아래 낙엽이나 그늘지고 습한 곳에서 잘 자란답니다.

작고 동글동글한 무당벌레랍니다.
아래의 무당벌레와 모양이 다른 그림 3개를 찾아보세요.

Ladybug
무당벌레는 주로 해충을 잡아먹는 이로운 곤충이에요.
눈이 나빠서 색깔을 못 보고 밝기만으로 사물을 구별한답니다.

달콤한 초코 시럽을 바른 도넛이에요.
아래의 도넛과 모양이 다른 그림 1개를 찾아보세요.

Doughnut
전 세계인이 즐겨 먹는 도넛을 맨 처음 만들어 먹은 것은
네덜란드 사람들이랍니다.

식빵에 쓱쓱 발라 먹으면 최고! 달콤한 딸기잼이에요.
아래의 딸기잼과 모양이 다른 그림 2개를 찾아보세요.

Jam
잼이 처음 역사에 기록된 것은 BC 320년경으로,
알렉산더 대왕이 인도를 정복하고 유럽에 설탕을 가져가
잼을 만들어 소중하게 먹었다고 합니다.

알록달록 가리비 3종류가 있어요.
각기 다른 가리비가 몇 개씩 있는지 세어보세요.

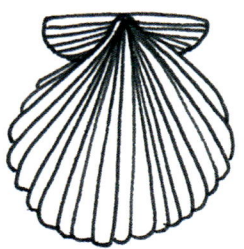

Scallop
연체동물에 속하는 가리비는
'헤엄치는 조개'로 알려져 있답니다.

다양한 양식으로 지어져 매력 넘치는 페나 궁전이에요.
서로 다른 곳 5군데를 찾아보세요.

Pena Palace
페나 궁전은 포르투갈 신트라에 있는 19세기의 왕궁으로,
포르투갈의 대표적인 관광명소랍니다.

알록달록 예쁜 티팟이랍니다.
아래의 티팟과 모양이 다른 그림 3개를 찾아보세요.

Teapot
티팟은 중국의 차가 유럽에 전해지면서
찻잔과 함께 유럽에 전해졌답니다.

기억하고 싶은 소중한 날 등을 적어두는 수첩이에요.
아래의 수첩과 다른 그림 4개를 찾아보세요.

Notebook
스프링이 달린 수첩은 종이에 구멍을 뚫어
스프링을 돌려가면서 끼워 제본할 수 있어요.

특별한 약속이나 계획을 적어놓는 다이어리예요.
아래의 다이어리와 다른 그림 4개를 찾아보세요.

Diary
7일을 일주일로 삼은 것은 고대 바빌로니아에서
해와 달, 5개의 행성이 땅을 중심으로 돈다는 믿음에서 시작되었어요.

그윽한 향을 머금은 커피숍 간판이에요.
아래의 간판과 다른 그림 3개를 찾아보세요.

Coffee Shop Sign
유럽에서는 도시 경관을 해친다는 이유로
간판의 크기나 색상 등을 엄격히 제한하는 곳이 많고
이렇게 작은 간판을 거는 가게가 많답니다.

귀엽고 사랑스러운 아기의 목에 매어주는 턱받이예요.
아래의 턱받이와 다른 그림 4개를 찾아보세요.

Bib
흔히 유아용으로 많이 사용하는 턱받이를
예전에는 로마 왕들도 사용했답니다.

사랑스러운 아기가 분유를 타 먹는 우유병이에요.
아래의 우유병과 다른 그림 5개를 찾아보세요.

Milk Bottle

최초의 분유는 독일의 약사 네슬레가 모유를 먹일 수 없는 엄마들을 위해
모유 대신 영양을 보충할 수 있는 식품을 개발해서 생겨났답니다.

흔들흔들 재미있는 목마예요.
아래의 목마와 다른 그림 4개를 찾아보세요.

Wooden Horse
최근에는 플라스틱으로 많이 만드는 목마는
19세기 초 유럽에서 유행하기 시작했어요.

상큼하고 달콤한 체리가 3가지예요.
각각의 모양이 몇 개씩 있는지 세어보세요.

Cherry

'과일 중의 다이아몬드'라고 불리는 체리는
쉐이크, 머핀 등 다양한 음식의 재료로 사용된답니다.

레고를 쌓아놓은 듯한 멋진 성이에요.
서로 다른 곳 5군데를 찾아보세요.

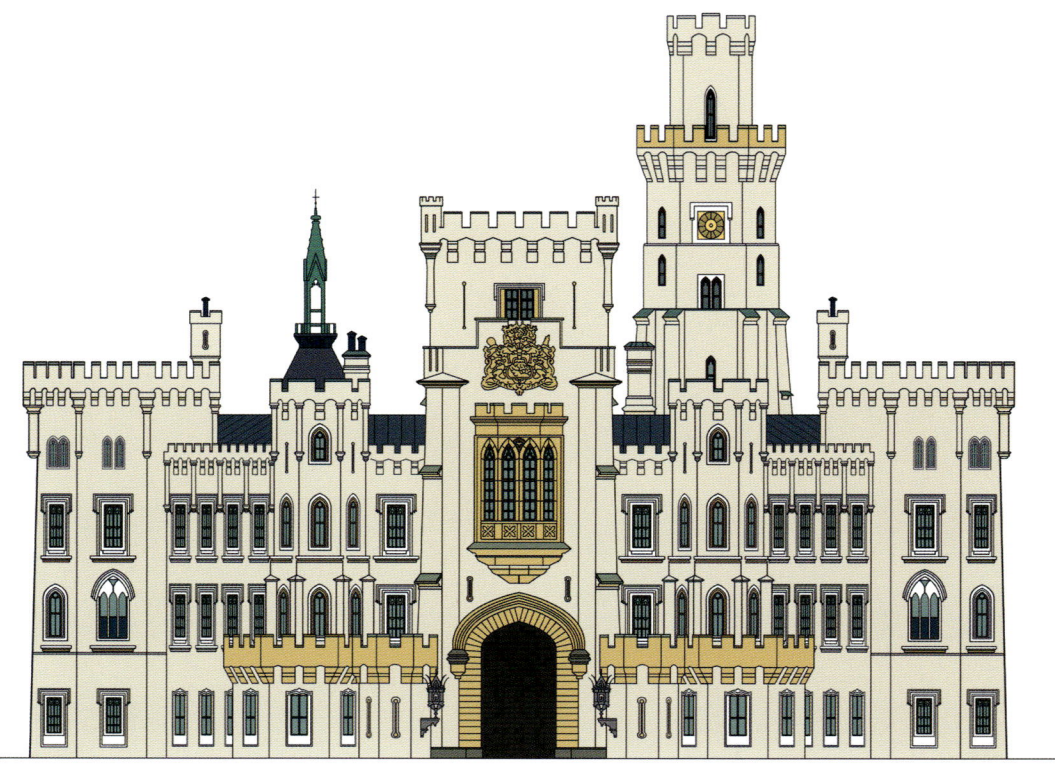

Zamek Hluboka
체코에 있는 훌루보카 성은
까마귀에게 눈을 쪼이는 사람 머리 형상의 손잡이로
전쟁에서의 승리를 기념하는 등 곳곳에서 위엄을 드러낸답니다.

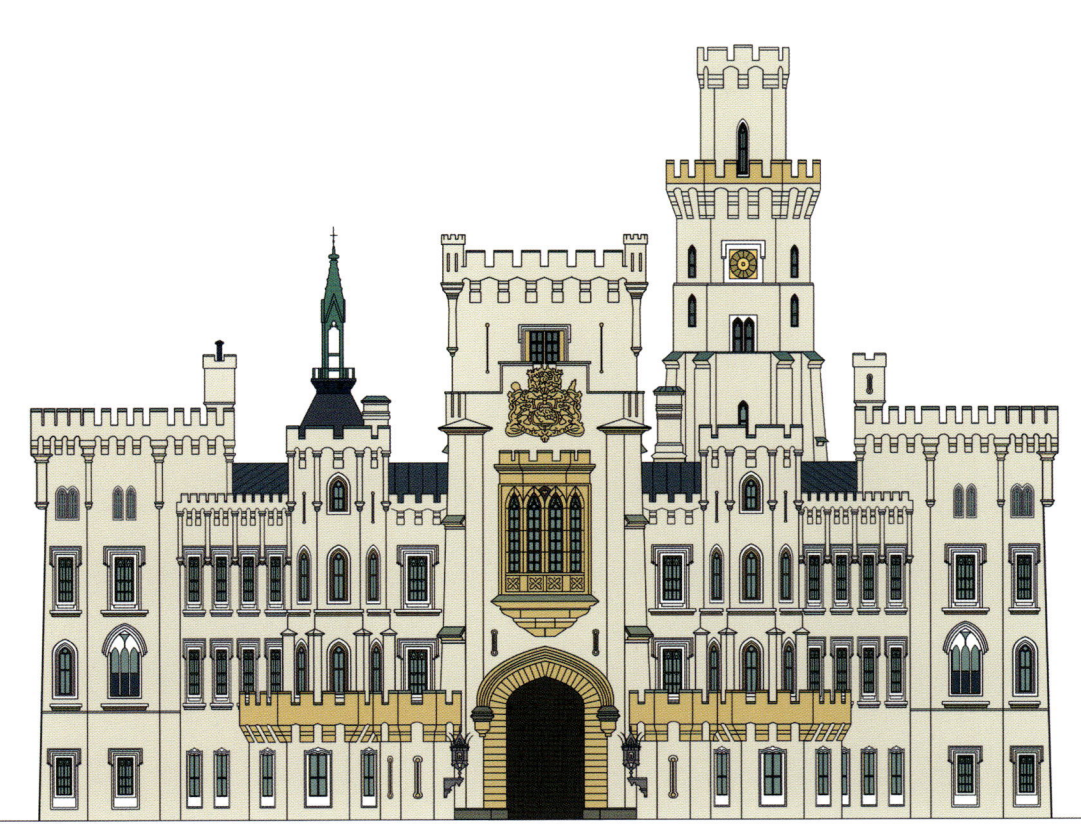

수학 시간에 필요한 각도기와 자예요.
아래와 모양이 다른 그림 4개를 찾아보세요.

Protractor, Triangle & Ruler
반원형 판으로 된 가장 단순한 모양의 각도기는
13세기부터 사용되었답니다.

달콤하고 부드러운 케이크예요.
아래의 케이크와 모양이 다른 그림 2개를 찾아보세요.

Cake
케이크의 기원은 선사 시대부터 찾기도 하지만,
베이킹 파우더와 설탕을 넣은 케이크는
19세기부터 본격적으로 만들기 시작했습니다.

놀이공원이나 축제에 빠질 수 없는 풍선!
아래의 풍선과 모양이 다른 그림 2개를 찾아보세요.

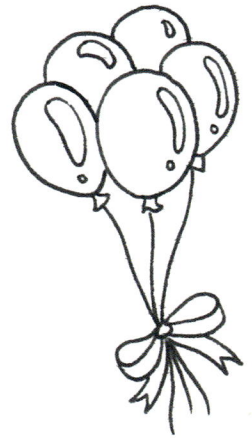

Balloon
영국 최초의 물리학자의 한 명인 페러데이가
수소의 성질을 연구하다가 최초의 고무풍선을 만들어냈고
이후 풍선은 세계적인 장난감이 되었답니다.

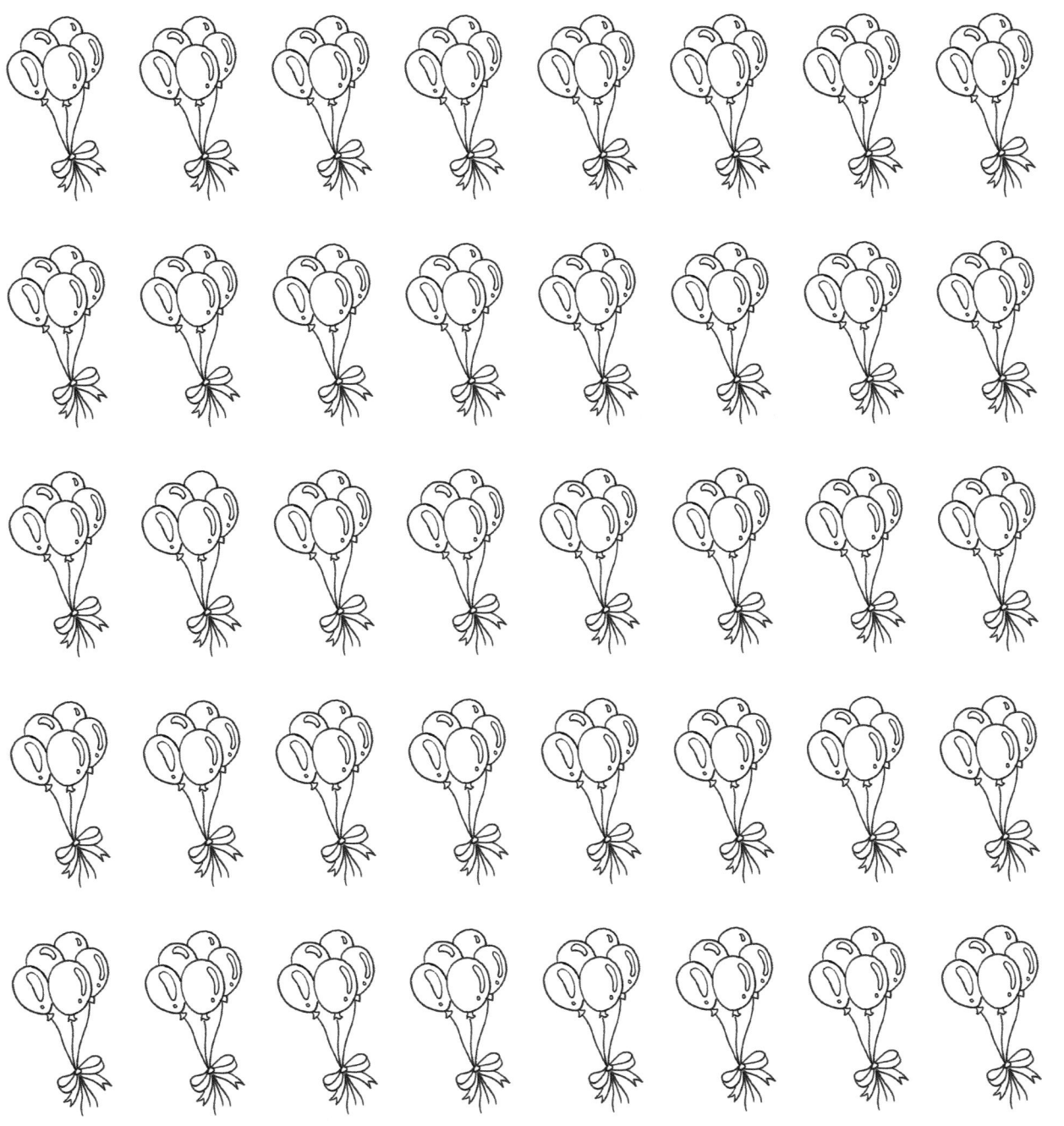

'백수의 왕' 사자!
아래의 사자와 다른 그림 2개를 찾아보세요.

Lion
사자는 위풍당당한 동물의 왕으로
신성함과 절대적인 힘을 가진 것으로 여겨져왔습니다.

바다 위의 배들에게 길을 알려주는 고마운 등대!
아래의 등대와 다른 그림 3개를 찾아 표시해보세요.

Lighthouse
등대가 처음 나온 것은 BC 280년 지중해의 알렉산드리아 항이었는데
당시에는 나무나 송진을 불태워 불을 밝혔다고 합니다.

어흥~ 우렁차게 우는 호랑이랍니다.
아래의 호랑이와 다른 그림 3개를 찾아 표시해보세요.

Tiger

호랑이는 힘과 용맹을 상징하는 대표적인 동물이지만
전래동화에서는 사람에게 잘 속기도 하며,
인간에게 친숙한 동물로 여겨져왔습니다.

바다 속 물고기처럼 신나게 잠수함을 타고 헤엄쳐볼까요?
아래의 잠수함과 다른 그림 3개를 찾아 표시해보세요.

Submarine
잠수함은 1776년 미국 독립전쟁 당시
데이비드 버쉬넬이 처음으로 만들었답니다.

폭신폭신 달콤한 솜사탕 3가지가 있어요.
각기 다른 솜사탕이 몇 개씩 있는지 세어보세요.

Cotton Candy

솜사탕은 1900년 파리 박람회에서
'요정의 솜'이라는 이름으로 전 세계에 소개되었고,
세상에 나오자마자 대히트를 쳤답니다.

백조의 호수에 등장할 법한 성이에요.
서로 다른 곳 5군데를 찾아 표시해보세요.

Neuschwanstein Castle
오늘날 미국의 유명한 테마파크 디즈니랜드는 이 성을 본떠 만들었답니다.

고혹적이고 우아한 화장대예요.
아래의 화장대와 다른 그림 3개를 찾아보세요.

Dressing Table
전형적인 서구식 화장대는 18세기에 화장품을 넣어두는
케이스와 서랍, 거울을 갖춘 경대가 만들어지면서 완성되었답니다.

푹신푹신 기분 좋은 침대예요!
아래의 침대와 다른 그림 3개를 찾아보세요.

Bed

가장 오래된 침대로는 이집트 고왕조 시대의 유물이 남아 있으며,
민족·풍토·생활양식 등에 따라 여러 가지 형태가 있답니다.

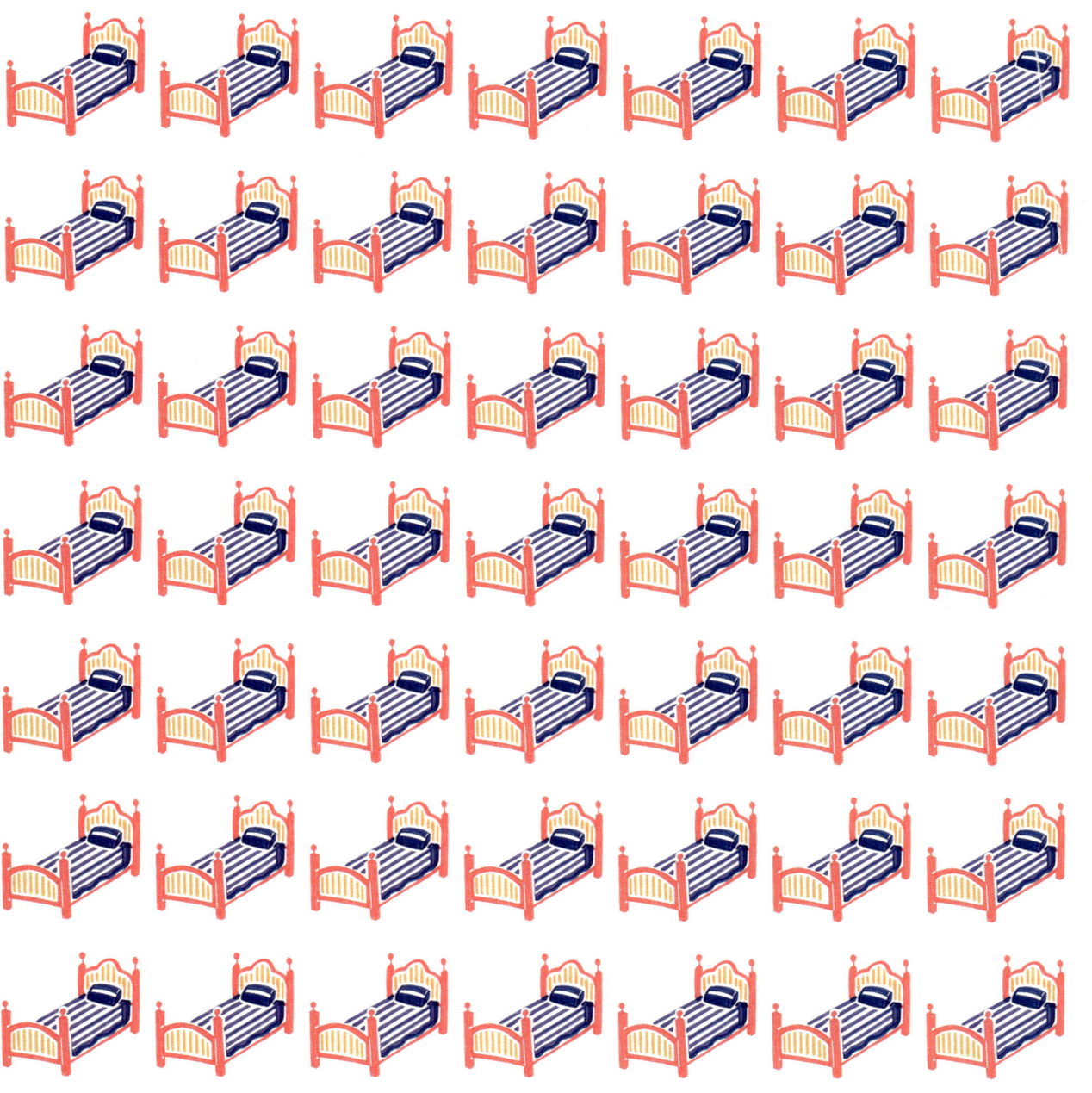

예쁜 꽃이 핀 선인장이랍니다.
아래의 선인장 화분과 다른 그림 3개를 찾아보세요.

Cactus
선인장은 북아메리카가 원산지이고,
주로 덥고 메마른 사막지역에서 자랍니다.

온 집 안을 아름다운 향기로 물들이는 꽃병이에요.
아래의 꽃병과 다른 그림 3개를 찾아보세요.

Flower Base

중국의 한 가정에서는 꽃병을 평범한 것인 줄 알고 문을 괴던 용도로 썼는데,
그 병이 경매에서 무려 15억 원에 거래되었다고 합니다.

눈매를 더욱 아름답게 꾸며주는 아이섀도예요.
아래의 아이섀도와 다른 그림 3개를 찾아보세요.

Eye Shadow
이집트 시대에는 부적으로
녹색 점토가루나 검은 석탄가루를 눈가에 칠했습니다.

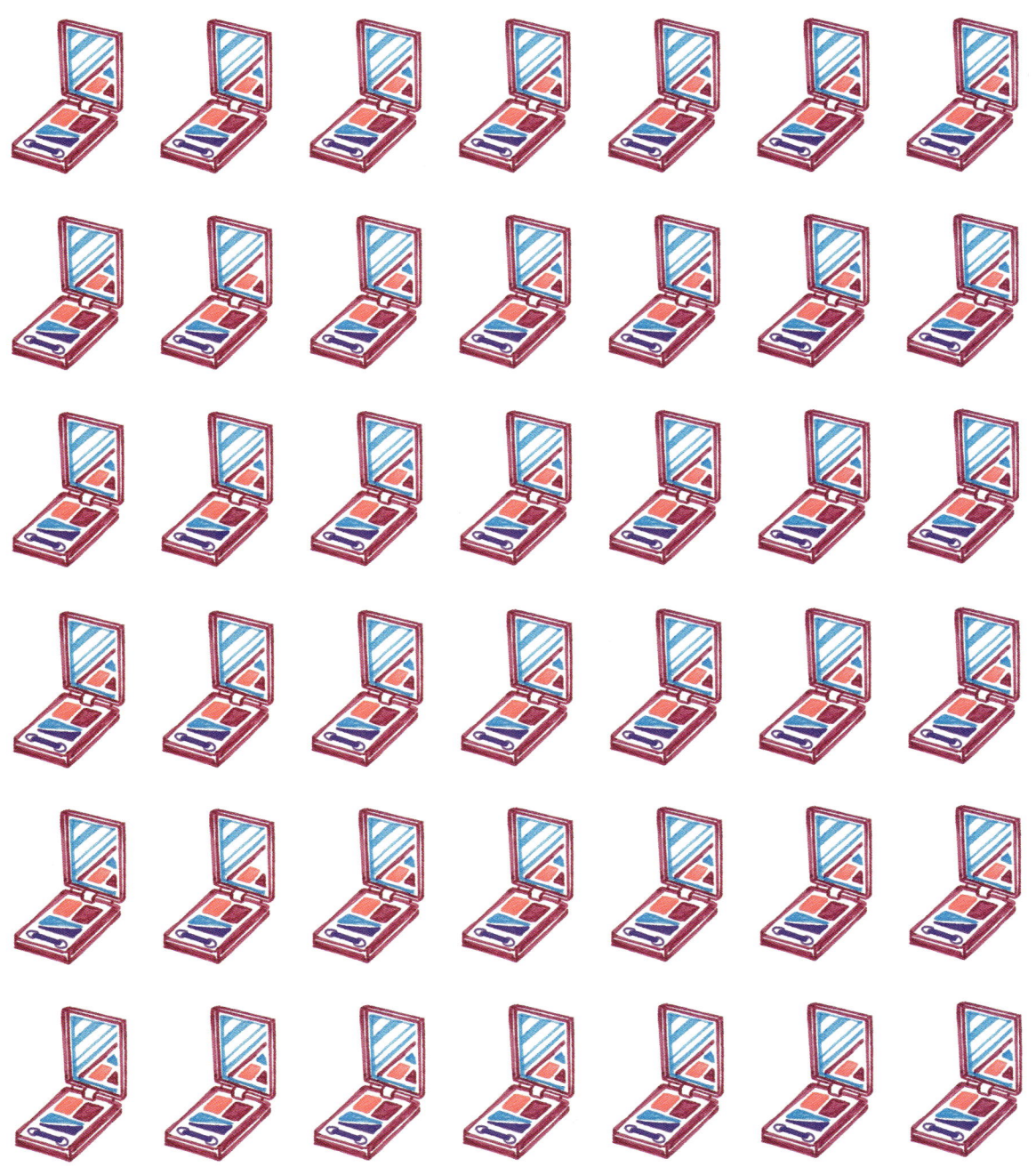

특별한 날 멋지게 차려입는 셔츠와 타이예요.
아래와 다른 그림 3개를 찾아보세요.

Shirts & Tie
타이의 매듭이 너무 작으면 큰 얼굴을 더욱 커 보이게 하고,
매듭이 너무 크면 얼굴로 향할 시선을 타이로만 향하게 한다고 합니다.

재미있는 물놀이에 없어서는 안 되는 튜브 3가지가 있어요.
각각의 튜브가 몇 개씩인지 세어보세요.

Tube
흔히 워터파크나 수영장에서 물놀이할 때
가지고 노는 튜브는 타이어에서 유래했습니다.

서로 다른 그림 찾기의 정답을 찾아보세요.

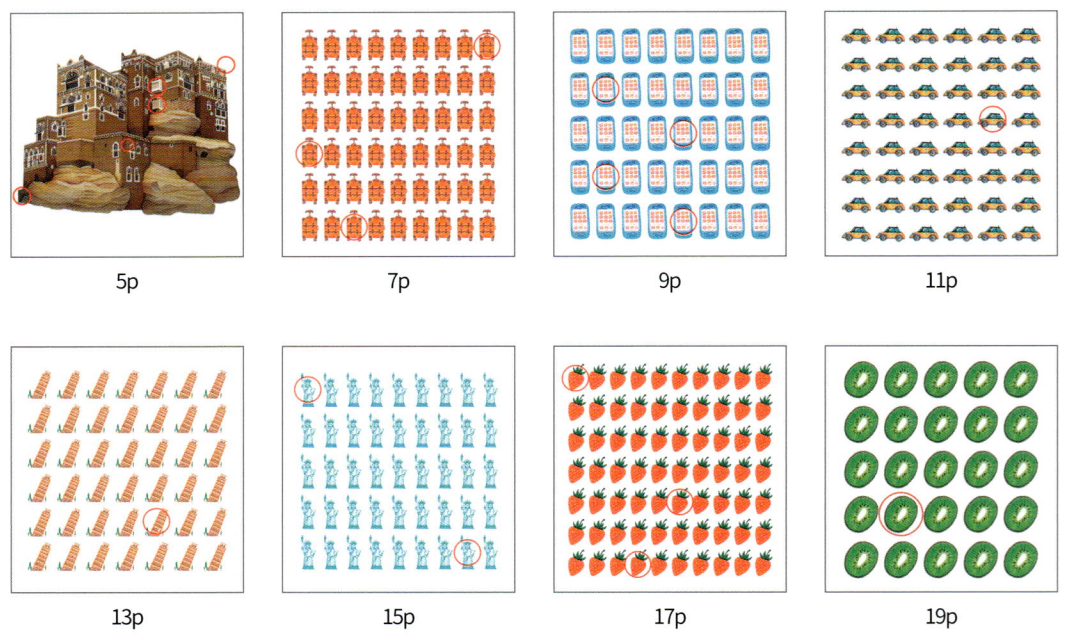

5p 7p 9p 11p

13p 15p 17p 19p

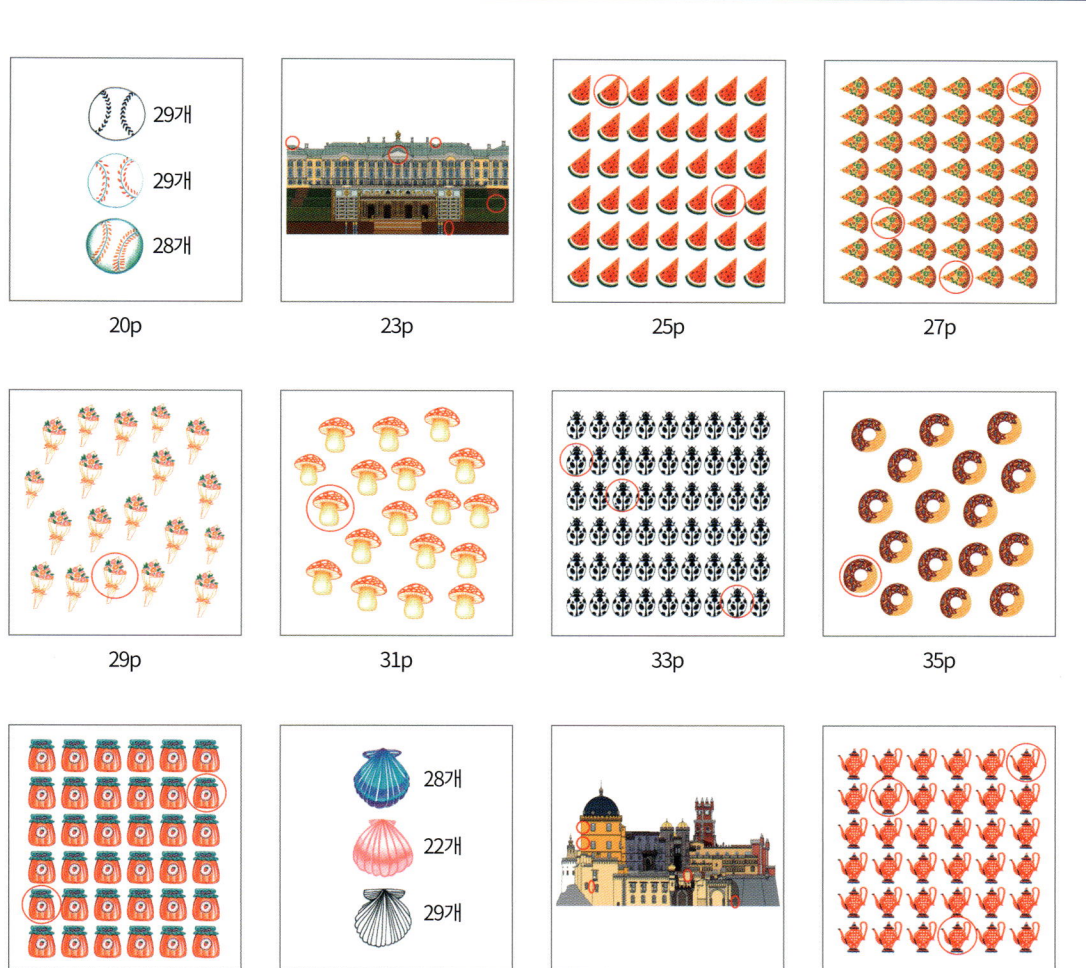

45p

47p

49p

51p

53p

55p

56p

59p

61p

63p

65p

67p

94

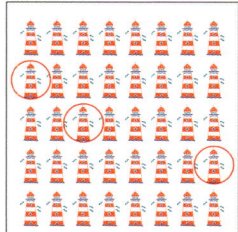
69p

71p

73p

74p

77p

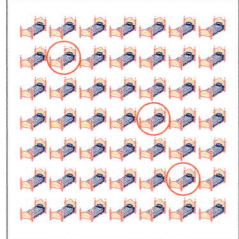
79p

81p

83p

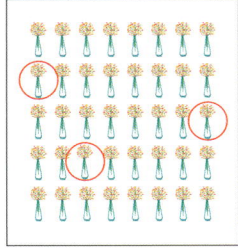
85p

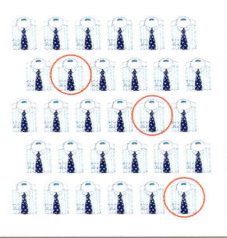
87p

89p

90p

귀욤귀욤 볼펜 일러스트

아베 치카고 외 지음 | 홍성민 옮김 | 83쪽 | 12,500원

학창 시절, 누구나 노트 한 귀퉁이에 귀여운 강아지나 고양이, 긴 머리의 예쁜 여자아이나 안경 쓴 잘생긴 남자아이를 시간 가는 줄 모르고 그려 본 경험이 있을 것입니다. 이 책은 평범한 색볼펜으로 당신의 소중한 추억에 감성을 입혀 일상에 활력을 불어넣고 행복을 선물해 주는 실용적이고 유익한 책입니다. 모든 동물과 식물, 음식, 과일, 각종 물건, 사람 등 세상 만물이 당신의 형형색색 볼펜 끝에서 마술처럼 살아날 것입니다.

매력뿜뿜 동물 일러스트

이요안나 지음 | 68쪽 | 11,200원

나만의 손 그림으로 다이어리를 꾸미거나, 친구에게 주는 선물에 특별한 정성을 더하고 싶을 때 따라 그리기 쉬운 그림을 찾고 계셨나요? 이 책에는 대왕조개, 해마, 털매머드, 하늘다람쥐, 코알라, 도도, 귀신고래 등 멸종 위기에 처해 있기에 더욱 소중하고 기억하고 싶은 동물 80여 종을 그리는 법이 들어 있습니다. 또한 나뭇잎, 열매 등 여러 가지 식물 그리기와, 점·선·면으로 털 표현하기, 표정 바꾸기 등 다양한 그리기 팁 28가지가 실려 있어서 더욱 다양한 느낌으로 일러스트를 연출하도록 도와줄 것입니다.